AF248105

UN MOT

SUR LA QUESTION

D'AFRIQUE.

UN MOT

sur

LA QUESTION

D'AFRIQUE,

Par le Comte WALEWSKI,

EX-CAPITAINE AU 2ᵉ RÉGIMENT DE CHASSEURS D'AFRIQUE.

PRIX : 2 FRANCS.

« La Russie subjugue et extermine ;
la France pacifie et civilise. »

PARIS,

J.-N. BARBA, ÉDITEUR,

PALAIS-ROYAL, GALERIE DE CHARTRES, Nᵒˢ 2 ET 3,
DERRIÈRE LE THÉATRE FRANÇAIS.

—

1837.

UN MOT

LA QUESTION D'AFRIQUE.

L'expédition de Constantine n'a pas réussi; que faut-il en conclure? Que la guerre en Afrique est soumise à des chances que les prévisions humaines ne peuvent maîtriser et dont le courage et la persévérance ne sauraient triompher toujours.

Le moment propice pour se mettre en campagne est très difficile à saisir. Pendant une partie de l'année l'on a à craindre les pluies; pendant l'autre, la chaleur ardente du soleil, et l'humidité des nuits qui produisent des dysenteries souvent mortelles.

Le pays n'offrant aucun abri contre les intempéries des saisons, on est exposé à toute leur rigueur;

souvent même, on ne trouve pas de bois pour faire du feu, et cette privation est peut-être la plus pénible à supporter dans les bivouacs. D'un autre côté l'on est obligé de porter avec soi des subsistances et même de l'eau pour faire vivre l'armée pendant toute l'expédition, car on ne peut compter en trouver nulle part, ce qui nécessite un convoi (1) qui embarrasse la marche et que l'on a souvent la plus grande peine à mettre à l'abri des attaques des Arabes, surtout dans les montagnes.

L'expérience a suffisamment démontré à combien de revers sont exposées nos expéditions dans ce pays. Faudra-t-il rappeler la triste affaire de la Macta où l'habileté du chef et la bravoure des soldats, réunies, n'ont pu conjurer des calamités inhérentes à la nature des lieux, au climat et à la force des choses? Et si la retraite de Mascara n'est pas devenue aussi désastreuse que celle de Constantine, on ne doit l'attribuer qu'à la prétention (2) d'Ab-del-Kader de former à notre instar des troupes régulières, et de substituer la tactique européenne à la manière de combattre des Arabes.

Le mode de guerroyer de ces peuples consiste à ne

(1) On a calculé que, pour porter les subsistances, l'eau et le matériel d'une armée de 10,000 hommes, qui serait en campagne pendant vingt jours, il faudrait 2,500 mulets ou l'équivalent.

(2) Cette idée lui a été inspirée par la facilité qu'il a trouvée à faire venir des fusils de France.

défendre aucune position ; ils laissent avancer l'ennemi presque sans aucune résistance, se contentant
de le harceler sur ses flancs et sur ses derrières ;
quand arrive le moment de la retraite, ils le pour-
suivent avec acharnement, et s'il y a un seul instant
de désordre dans sa marche, occasioné, soit par
l'inégalité du terrain, soit par la démoralisation, ils
tombent sur les traînards, ils cherchent à pénétrer
dans les rangs ; le convoi surtout excite leur rapacité,
et autant ils sont peu redoutables quand on est en
ligne, autant ils deviennent terribles quand on combat corps à corps.

Ab-del-Kader, voulant utiliser les perfectionne-
mens qu'il s'imaginait avoir apportés dans l'organi-
sation de son armée, rassembla tout son monde sur
un seul point, embusqua son infanterie et son ar-
tillerie dans les gorges deSidi-Embarek afin d'arrêter
le maréchal Clauzel ; mais, bien loin d'y réussir, il
éprouva des pertes très sensibles qui démoralisèrent
à un tel point les siens, qu'ils se dispersèrent de tous
côtés, et il lui fallut plusieurs semaines pour les
réunir de nouveau.

Si au contraire, s'étant, à notre approche, retiré
derrière Mascara, il était revenu inquiéter la retraite
de l'armée, l'entourant de ses cavaliers adroits,
entreprenans et courageux, je le demande cons-
ciencieusement à tous ceux, généraux ou soldats,
qui ont fait partie de cette expédition, que serait-il
advenu ?

Ne doit-on pas conclure que si la guerre en Afrique est pleine de hasards, il est urgent de considérer mûrement quels sont les avantages que l'on en retire, ou quelle est la nécessité qui l'a fait entreprendre ; c'est ce que je vais essayer de soumettre à un examen impartial.

Depuis la conquête d'Alger, plusieurs modes d'occupation ont été tour à tour adoptés pour la régence ; sans revenir ici sur tout ce qui a été fait, je crois que l'on peut reconnaître trois systèmes principaux dans la marche suivie par les différens gouverneurs qui se sont succédé depuis six ans.

1° Refouler les indigènes et établir des Européens à leur place.

2° Subjuguer les Arabes, les gouverner par l'entremise de beys, de kaïds et de scheiks, qui auraient reçu l'investiture de la France.

3° Occuper les villes et les ports du littoral, en faire des points militaires, des postes maritimes et des comptoirs de commerce ; renoncer à toute souveraineté sur les populations du pays, tâcher de leur inspirer une confiance qui les porte à nouer avec nous des relations de commerce et d'alliance d'où doit ressortir un jour la possibilité de fonder la la domination française en Afrique.

Analysons successivement ces trois systèmes, et cherchons dans leurs résultats quel est celui qui présente le plus de chances de succès pour l'avenir.

Les possessions françaises dans le nord de l'Afrique se composent de la ville d'Alger et des campagnes environnantes, de celles d'Oran, de Mostaganem, de Bone et de Bougie, des ports d'Arzew et de Mers-El-Kebir.

Ces différens points sans doute sont les plus importans et les seuls débouchés de cette partie de l'Afrique; en les occupant, nous pouvons bloquer tout le pays intérieur, empêcher que des armes, des munitions, des secours d'une nature quelconque ne parviennent aux habitans ; mais on commettrait une grande erreur en supposant qu'ils nous assurent la domination des peuples de l'ancienne régence qui s'étendait des frontières de Maroc à celles de Tunis, comprenant environ 200 lieues de long sur 45 de large.

Pour être à même de coloniser, il faudrait donc commencer par conquérir les terres où l'on voudrait établir des colons. La conquête n'en serait pas difficile; mais il n'y aurait d'autre moyen de s'y installer paisiblement, que d'entourer la colonie d'une ligne de postes rapprochés, comme une espèce de cordon sanitaire, ou bien encore de construire une muraille semblable à celle que les Chinois ont élevée contre les incursions des Tartares.

Il est inutile de faire ressortir l'absurdité de l'emploi de pareils moyens: tout autre serait insuffisant pour protéger les colons contre les incursions des indigènes, qui ne manqueraient pas de revenir, à quelque distance qu'on les eût refoulés , pour met-

tre à feu et à sang les habitations de ceux qu'ils re-
garderaient comme leurs spoliateurs et contre les-
quels ils seraient violemment excités par le fanatisme
religieux, la soif de vengeance et l'espoir du butin.

La crainte de quelques forts ou garnisons rapprochées ne suffirait pas pour les contenir, car ils ne
paraîtraient qu'en bandes légères et se retireraient
précipitamment après avoir accompli leur dessein.

S'il fallait des exemples pour appuyer cette assertion, je rappellerais tous les malheureux cultiva-
teurs qui ont été massacrés dans le massif d'Alger.
seul endroit où on ait osé établir quelques colons,
et pourtant, ils étaient presque sous le canon de la
ville, et défendus par des camps retranchés établis
tout autour de leurs habitations. .

Ceux qui avaient prôné ce système ont si bien
senti combien il était impraticable, que pour coloniser la seule plaine de la Mitidja, ils ont été obligés d'avoir recours à un autre mode d'occupation. Ils
ont pensé qu'en subjuguant les tribus des environs
d'Alger et en leur imposant des chefs, ils parvien-
draient à obtenir la paisible jouissance des terres où
ils voulaient installer des colons.

Cette marche, qui est celle que l'on suit dans
toute la régence, et par laquelle on espère fonder
la domination française dans ce pays, n'a produit aucun résultat, nous allons tâcher d'en découvrir les
causes.

A cet effet il est indispensable de jeter un coup

d'œil sur la nature des populations que l'on veut subjuguer.

Les peuples de la régence d'Alger se divisent en Arabes ou habitans des plaines, Kbayles ou montagnards et Maures ou habitans des villes.

Les Arabes et les Kbayles (1) ont à peu près le même caractère, les mêmes mœurs, les mêmes préjugés, et leur position par rapport à nous étant absolument identique, je les comprendrai sous la dénomination générale d'Arabes. Ils sont fiers, courageux, fanatiques, cruels, avides, sobres et insoucians ; ils n'ont rien de commun avec les Maures, race entièrement dégénérée, à qui le séjour amollissant des villes n'a pas même laissé le souvenir de son énergie primitive. Vrai troupeau d'esclaves à l'instar des Juifs, déja façonnés à la plus entière obéissance par les Turcs, et dans le cœur desquels les intérêts commerciaux et quelques habitudes de civilisation étouffent jusqu'au désir de l'indépendance. Certes, la domination française n'est pas contestée par ces populations abâtardies, et jamais elle ne courra aucun risque de leur part.

Les Arabes au contraire, qui n'ont point de demeure fixe, qui aiment à guerroyer, méprisent souverainement les habitans des villes et leur luxe. Ils

(1) Les Kbayles, à ce que l'on croit, descendent des Philistins. L'esprit d'indépendance, chez eux, est encore plus prononcé que chez les Arabes : les Romains mêmes n'avaient pas d'action sur eux.

n'ont d'autres besoins que ceux qu'ils peuvent satis-
faire partout où ils posent leurs tentes. La passion
de l'indépendance et l'appât du butin sont à leurs
yeux des compensations suffisantes pour braver les
chances de la guerre. Une grande erreur, d'ailleurs,
serait de croire qu'ils ont été soumis aux Turcs.

Le dey d'Alger nommait les beys d'Oran, de Bône,
de Constantine et de Titteri, qui lui payaient des
redevances; ces beys avaient des soldats turcs ou
Kourouglis dont ils se servaient pour lever des tributs
sur les populations Arabes rapprochées et qui n'é-
taient pas assez fortes pour se défendre.

En outre, ils rançonnaient les indigènes qui
étaient obligés de fréquenter leurs marchés, seuls
débouchés ouverts à l'écoulement des denrées du sol.

Voilà à quoi se bornait l'influence des Turcs sur
les populations de l'intérieur, mais jamais celles-ci
ne les ont considérés comme des maîtres, ne s'y sont
soumis et ne leur ont payé l'impôt, autrement que
quand les agas venaient eux-mêmes le prendre de
force; il faut excepter quelques tribus du voisinage
des villes qui étaient contenues par la peur.

Lorsque le dey apprit que l'expédition d'Alger se
préparait, il fit un appel général aux armes, dans
toute la régence, et se servit du grand levier du fanatisme pour exciter les Arabes contre les chrétiens.
Quelques marabouts, qu'il gagna à cet effet, lui prê-
tèrent leur voix sainte et vénérée; mais ce qui eut
plus de puissance encore que la religion, sur ces

peuples, ce fut l'espoir d'un riche butin. Il leur promit de leur abandonner les dépouilles des infidèles, dont les richesses, disait-il, étaient plus innombrables que les étoiles du firmament. Comme on le voit donc, la présence des Arabes sous les murs d'Alger, lors de l'expédition, ne prouve pas qu'ils fussent soumis aux Turcs.

Quand la puissance française remplaça la puissance turque, l'esprit d'indépendance des indigènes se reveilla plus que jamais. Il leur resta contre ces nouveaux maîtres, la haine qu'ils nourrissaient contre les anciens; haine fortifiée par le fanatisme religieux que les marabouts ne cessaient d'attiser dans leur ame : vainqueurs, ils espéraient trouver dans le camp des chrétiens les réalisations des contes des *Mille et une nuits*; morts, leur ame s'envolait au ciel pour s'abreuver dans un océan de délices et de félicités éternelles.

Est-ce en leur faisant une guerre meurtrière et injuste, qu'on éteindra leurs préjugés, leur fanatisme et leur haine? Quelque force que vous déployiez, vous ne les subjuguerez jamais entièrement. Ils se retireront sous l'ascendant de vos troupes; mais lorsque vous y penserez le moins, que vous jouirez en toute sécurité de vos conquêtes, ils fondront sur vos détachemens et détruiront en un jour les fruits de plusieurs mois de travail et de lutte.

Si vous tentez de les gouverner par l'entremise de beys, de kaïds et de scheiks de votre choix, ces chefs seraient-ils Arabes eux-mêmes, ils ne deviendront à leurs yeux que des renégats, que les suppôts des infidèles, et ils ne pourront se maintenir qu'autant qu'ils seront soutenus par vos baïonnettes (1).

Les exemples viennent en nombre corroborer cette assertion.

Ben Omar, nommé bey de Titteri par le général Clauzel, l'année 1830, fut installé dans Médéa et soutenu par une garnison française. Peu de temps après, les troupes qu'on lui avait laissées furent rappelées. Abandonné à lui-même, non-seulement il ne put exercer aucune autorité sur les tribus de la province, mais bientôt assiégé dans Médéa, il se vit forcé de demander des secours au général Berthézenne. Les troupes françaises arrivèrent assez à temps pour le débloquer. Il déclara alors qu'il lui était impossible de se maintenir au milieu des Arabes et revint à Alger avec l'armée (2).

Le marabout Ben Youssouf de Meliana, installé

(1) Il est à remarquer que l'on a presque toujours choisi pour les fonctions de bey, etc., des Maures ou des Turcs : les Maures, qui sont souverainement méprisés par les Arabes; les Turcs, qui en sont haïs; car leur gouvernement a toujours été cruel et inique.

(2) Ce même homme, nommé, en 1835, bey de Miliana et Tcherchell, se présenta devant cette dernière ville. Les habitans refusèrent de le recevoir. Il revint à Alger, où il vit tranquillement d'une pension que lui fait la France. Il conserve toujours son titre de bey de Tcherchell *in partibus*.

gouverneur de Belida, le 16 novembre 1830, en fut chassé par les habitans au mois de février suivant.

Le kaïd de Krachna, Ben-Elam-Ri, nommé par le général Clauzel, fut assassiné quelques mois après; le général Berthézenne sentit l'impossibilité de le remplacer.

El Mocta Ri, scheick très influent, résista à toutes les instances qui lui furent faites pour accepter la dignité de bey de Titteri, sentant bien qu'il lui serait impossible de se maintenir sans le secours immédiat d'une armée française.

El Barcagny, kaïd de Tcherchell, qui avait reçu l'investiture de la France, fut obligé de se sauver quelque temps après.

Le kaïd de Beni, Khalil Ben Chaoua, fut assassiné au marché de Bouffarick le 9 septembre 1832.

Mohammed-Ben-Houssein, nommé bey de Titteri et de Médéa par le maréchal Clauzel, le 15 septembre 1835, reçut l'investiture dans les premiers jours d'octobre avec une grande pompe; il ne put entrer dans Médéa qu'au mois d'avril 1836. On lui donna 600 fusils et 30,000 cartouches; peu de jours après la retraite de nos troupes, les Arabes s'emparèrent de ses armes et de ses munitions et envoyèrent le bey prisonnier à Ab-del-Kader.

Enfin, on avait conçu l'idée d'établir Ibrahim à Mascara, après la prise de cette ville, en lui laissant quelques centaines de Turcs stipendiés; mais ce Turc, quoique très brave, refusa d'y rester, sentant fort bien qu'il ne s'y maintiendrait pas vingt-quatre heures après notre départ.

Il appert donc clairement de ces faits, que malgré tous les efforts, on n'est pas parvenu à soumettre les habitans d'aucune des provinces du nord de l'Afrique. Il y a, à la vérité, quelques tribus rapprochées des villes, qui se résignent quelquefois à des démonstrations de soumission, et cela par le besoin qu'elles ont de venir à nos marchés vendre leurs denrées ; mais le nombre en est très restreint ; et encore sont-elles obligées de couvrir du plus grand mystère les relations qu'elles ont avec nous, et de temps en temps il leur faut quelques têtes françaises comme gage de fidélité aux lois du Prophète.

Je laisse à juger, d'après tout ce que je viens d'exposer, s'il y a des chances de réussir dès à présent à subjuguer les indigènes, et si au contraire, les expéditions que l'on entreprend, la guerre continuelle qu'on leur fait, ne doivent pas redoubler leur antipathie contre nous. N'y a-t-il donc aucun moyen de leur faire comprendre tout l'intérêt qu'il y aurait pour eux à se rapprocher de la France? Voilà ce que nous allons rechercher, toujours en prenant pour base l'expérience des faits.

S'il est devenu évident qu'il faut renoncer à subjuguer pour civiliser, je vais tâcher de rendre aussi clair que pour subjuguer il faut civiliser. En effet, si l'on parvenait à prouver à ces peuples combien il leur serait avantageux d'avoir des habitations stables, au lieu de tentes qu'ils transportent plusieurs fois dans l'année; si, en un mot, on réussissait à leur communiquer les goûts et les besoins de la civilisation, on les aurait rendus susceptibles de dépendance. Comme les Maures, ils aimeraient mieux se soumettre à une domination douce, dont ils auraient apprécié les avantages, que d'abandonner leurs propriétés et reprendre leur vie nomade.

Le temps seul peut amener ce changement, mais encore faut-il en préparer les voies.

La première mesure indispensable à prendre, est de faire cesser les hostilités qui durent depuis l'occupation et qui éloignent de plus en plus l'heure du rapprochement. Il ne serait pas impossible de conclure un traité de paix avec eux; mais on concevra sans peine l'inutilité de se mettre en rapport séparément avec les différentes tribus qui n'offriraient isolément aucune garantie; car enhardies par l'impunité dans laquelle on serait obligé de laisser pour la plupart leur manque de foi, faute de pouvoir les atteindre dans l'intérieur du pays, ils enfreindraient le pacte conclu du moment où ils croiraient de leur intérêt de l'oublier. D'ailleurs, pour atteindre le résultat que nous devons nous proposer, qui est la pacification générale, il ne faut pas seulement que la paix existe entre les indigènes et nous, mais encore entre eux-mêmes, et cela afin de substituer des mœurs casanières et paisibles à leur vie errante et belliqueuse, et afin d'assurer les communications et le commerce dont nos ports deviendront les comptoirs.

On ne pourra obtenir ce résultat qu'autant qu'ils seront soumis eux-mêmes à une autorité de leur choix dont la puissance soit assez étendue pour faire régner parmi eux l'ordre et la paix, et pour assurer l'observation stricte des conventions arrêtées avec nous.

Lorsque les Turcs furent chassés d'Alger, le marabout Sidi-Mahiddin, Shérif (c'est-à-dire du sang du Prophète), et dont la famille avait jadis régné dans le pays, s'efforça de réveiller le fanatisme des habitans de la province de Tlemcen dite d'Oran, par des prédictions que lui et les siens répandaient et qui étaient toujours écoutées avec vénération. Il disait que de la plaine de l'Abres devait sortir le régénérateur du pays, destiné par Dieu à chasser les Turcs et à élever la puissance arabe au plus haut degré ; il désigna comme l'objet de ses prédictions son fils Ab-del-Kader, jeune homme de 24 ans, et dont l'esprit vraiment supérieur ne le cédait en rien à l'ardeur guerrière.

Quant le bey d'Oran rendit cette ville, les Turcs et les Kourouglis qui étaient à Mascara en furent expulsés par les indigènes dirigés par ce marabout. Il fit ensuite reconnaître son fils comme sultan des Arabes, prince des croyans, etc. , etc., etc. Les Français cependant avaient remplacé les Turcs; ce fut en prêchant une croisade contre ces infidèles qu'il affermit, tout en l'étendant, le pouvoir de son

fils sur toutes les tribus de la province. N'ayant point
d'idée de la puissance de la France ; il espérait nous
forcer à l'évacuation du pays. Il eut même l'audace
de venir avec 12,000 cavaliers sous les murs d'Oran
dans l'intention de s'en emparer : 3,000 baïonnettes
françaises suffirent pour faire repentir les Arabes de
leur hardiesse. Après plusieurs autres affaires égale-
ment avantageuses, le général Desmichels, qui com-
mandait la division d'Oran, convaincu qu'une paix
avec Ab-del-Kader n'était pas impraticable, profita
de pourparlers qui eurent lieu à l'occasion des pri-
sonniers, pour jeter quelques germes de pacification.

« Vous vous tenez toujours près de vos murailles,
» lui écrivait l'emir de Mascara ; mais venez en
» plaine vous mesurer avec moi, et nous verrons
» lequel des deux doit rester maître du pays. »

Le général sentit alors qu'un traité ne serait pos-
sible que lorsque nous aurions prouvé à ces peupla-
des et à leurs chefs combien était impuissante leur
bravoure sauvage contre notre tactique et nos
moyens de guerre.

A cet effet, il se porta avec 2,500 hommes et 12
pièces de canon, à la rencontre des Arabes, dans la
plaine de la Meleta ; ceux-ci étaient environ au nombre de 10,000 ; mais en vain ils voulurent lui résister,
il les chassa de toutes leurs positions, et leur fit
éprouver des pertes sensibles.

« Je suis allé vous combattre dans la plaine, écri-
» vait le général Desmichels après ce combat, déci-

» dez maintenant qui doit rester maître du pays. »

Ab-del-Kader voyant l'impossibilité de lutter contre la puissance française, reconnaissant d'ailleurs les avantages qu'aurait pour lui et pour les siens un traité qui pacifierait le pays et permettrait l'écoulement facile des productions du sol, accepta des conditions qui le rendaient non le sujet, mais l'allié des Français. La paix fut donc signée, voyons quelles en ont été les conséquences (1).

Pendant sa durée qui, a été d'un an, toutes les denrées de l'intérieur abondaient au marché d'Oran (2); des caravanes, même d'au-delà de l'Atlas, venaient y apporter du blé, de la laine, de l'huile, des tapis, etc., etc., etc.

Les communications étaient tellement sûres que, comme le disaient les Arabes eux-mêmes, un enfant aurait pu parcourir le pays sans danger avec une couronne d'or sur la tête. Le fait est que des officiers et des marchands ont traversé la province dans tous les sens, n'ayant qu'un guide pour toute escorte.

Pendant ces douze mois le revenu des douanes et la diminution du prix des denrées ont donné une différence de 1,200,000 francs sur les dépenses faites pour l'occupation de cette province. Enfin, ce

(1) Voir, pour les détails, l'ouvrage intitulé : Oran, sous le commandement du général Desmichels.

(2) Des lettres du 29 décembre 1836 annoncent que la garnison de cette ville est réduite à la demi-ration de viande salée.

que l'on peut bien compter pour quelque chose, il n'y a pas eu une seule goutte de sang français de répandu.

D'un autre côté, il est important d'observer le rapprochement qui s'est opéré pendant cette année entre les deux peuples.

Les préjugés des indigènes s'affaiblissaient tous les jours, on les voyait venir à Oran étudier nos mœurs, et les adopter insensiblement. Ils achetaient différens objets d'utilité qui antérieurement leur étaient tout-à-fait inconnus.

J'ai été en position de juger par moi-même jusqu'à quel point ils étaient revenus de leur haine contre les Français.

Envoyé auprès d'Ab-del-Kader, j'ai passé la nuit dans la tribu des Garaabats. Six mois avant, il n'y a pas un Européen qui aurait osé y demander l'hospitalité ; à peine mon guide eut-il dit que j'étais Français, je fus reçu très cordialement, ils m'apportèrent de l'orge pour mes chevaux, de la viande pour moi ; ils me firent toute espèce de démonstrations d'amitié.

La continuation de cet état de choses devait nécessairement avoir pour résultat la civilisation de ces peuples, et de là, la possibilité de les dominer un jour entièrement, et dès à présent elle procurait une économie sensible dans les dépenses de l'occupation et épargnait le sang de nos braves soldats.

Si telles sont les conséquences du système de paix, pourquoi donc ne pas chercher à l'adopter irrévoca-

2

blement et à l'étendre aux deux provinces d'Alger et de Constantine.

Que répond-on à cet argument? De grands mots : « Nous avons fait la conquête d'Alger, dit-on, nous avons acquis tous les droits de souveraineté que le dey avait sur les populations de la régence ; la France peut-elle abandonner un droit, surtout quand un dey l'exerçait avant elle? »

En premier lieu, il y a erreur. Je l'ai déjà dit plus haut, les Turcs n'ont jamais dominé les indigènes ; ainsi ce droit de suzeraineté, si toutefois ils se l'arrogaient, n'a été consacré ni par le fait, ni par une transmission quelconque ; car si droit il y avait, la Porte-Ottomane seule aurait pu y prétendre. Ainsi donc, en traitant les indigènes comme alliés et en les laissant se gouverner eux-mêmes, l'amour-propre national ne pourrait être aucunement blessé, car si la conquête d'Alger nous a donné tous les droits du dey, elle ne pouvait nous conférer ceux qu'il n'avait pas et qu'il n'a jamais exercés. Je demande pardon de cette digression que je n'ai placée ici que pour ceux qui s'arrêtent à la surface des mots et qui ne pénètrent pas dans le fond des choses.

Je reviens au fait. Je suppose que ce prétendu droit de souveraineté soit bien réel ; la dignité de la France est-elle assez engagée à le conserver pour y faire tous les sacrifices que nécessite l'occupation de la régence en suivant le système adopté jusqu'à ce jour? Faut-il courir les chances de désastres comme ceux de la

Macta, de la Tafna et de Constantine? Et ces expéditions préparent-elles pour l'avenir la conquête du pays?

L'expérience nous a démontré les résultats qu'il
fallait en attendre, même quand elles réussissent
comme celles de Mascara et de Tlemcen.... Et je
crois avoir clairement prouvé que pour tout homme
qui voudra approfondir cette question, il deviendra
évident, par la nature des choses, que l'espoir de
subjuguer les Arabes, tels qu'ils sont aujourd'hui, est
absolument chimérique.

Le seul moyen de préparer pour l'avenir cette
domination, c'est de civiliser les indigènes; et vous
ne les civiliserez qu'en les frottant sans cesse à votre
contact.

Pour amener ce contact il faut la paix, et je le
répète ici. vous n'aurez la paix que quand vous aurez reconnu une autorité, parmi les Arabes, qui par
elle-même ait la puissance d'amener la pacification
générale.

Pour que cette autorité, après avoir traité avec
vous, conserve aux yeux des siens le prestige qui
fait sa force, il faut que dans ses rapports avec vous
il n'y ait rien qui blesse les mœurs, les préjugés et
la religion de ces peuples; autrement, ce chef, quel
qu'il soit, ne sera pour eux que votre agent.

Chargé par le général Desmichels d'employer tous
les moyens pour engager Ab-del-Kader à payer un
tribut, il me répondit : « Je sens tout l'intérêt qu'il y
» a pour moi dans l'alliance de la France, je suis

» prêt à faire tout ce qu'on me demandera pour la
» conserver; mais si je consentais à devenir tribu-
» taire, je ne porterais pas demain ma tête sur mes
» épaules (1). »

Ces paroles remplies de vérité résument, à mon avis, toute la question ; vouloir dès aujourd'hui exercer le droit de souveraineté, c'est rendre à jamais l'exercice de ce droit impossible.

Si vous voulez la paix, considérez les Arabes

(1) L'auteur des Annales Algériennes, qui, en général, se croit très bien informé, ne l'a pas été sur ce qui concerne l'objet de cette mission. Elle avait un triple but :

1° De prescrire à Ab-del-Kader, qui était alors en marche pour Miliana, de ne pas passer le Chélif; 2° de lui rappeler qu'il n'avait pas le droit de faire exporter les denrées du sol par d'autres débouchés que par ceux qui étaient entre nos mains, et de révoquer la concession qu'il venait d'accorder à une compagnie de juifs pour faire le commerce à Rachgoun; 3° de sonder s'il y aurait moyen de l'engager à payer un tribut.

A ma première demande il répondit qu'il allait lever son camp et rentrer à Mascara; mais qu'il désirait envoyer plusieurs de ses principaux chefs porter ses hommages au roi des Français, et obtenir de lui la permission d'aller pacifier les provinces d'Alger et de Constantine.

A la seconde, il me dit qu'il retirerait immédiatement la concession qu'il avait donnée.

J'ai rapporté plus haut la réponse qu'il me fit à la troisième.

On voit qu'il n'était nullement question de la cession de Mostaganem ni d'Arzew.

comme nation indépendante, traitez avec eux, concédez à deux ou trois de leurs chefs le droit de souveraineté que vous prétendez avoir acquis ; stipulez des conditions avantageuses pour votre commerce ; contentez-vous d'occuper les villes et les ports du littoral, ainsi qu'une certaine étendue de terrain autour de ces villes. Mais si vous voulez absolument être réputés souverains du pays, continuez à guerroyer, à faire des expéditions, à exterminer toutes les populations indigènes, car vous ne parviendrez jamais à exercer paisiblement cette souveraineté.

Il y a une autre objection que les adversaires du système de pacification présentent comme irréfutable. Si vous laissez, disent-ils, une autorité s'établir dans l'intérieur du pays, c'est un ennemi redoutable contre lequel il vous faudra un jour lutter. Cette assertion, quelque spécieuse qu'elle paraisse au premier coup d'œil, est dénuée de fondement. Si l'influence du bey que vous aurez reconnu doit s'accroître tous les jours, la vôtre prendra un développement bien plus important ; à mesure que les préjugés s'évanouiront, les indigènes apprécieront les avantages positifs qu'il y a pour eux d'être en relations avec vous ; en peu de temps leur chef n'aura plus le pouvoir de les mettre en hostilité avec les Français, et, s'ils sont obligés d'opter, beaucoup préféreront votre joug à celui de leur sultan.

On en a eu la preuve à Oran. Les Douers et les Zmélas, qui étaient les plus acharnés contre notre domination, ont mieux aimé s'y soumettre que de rompre avec nous. Bien loin d'augmenter la puissance d'Ab-del-Kader, les douze mois de paix ont diminué le nombre des tribus qui lui sont soumises. et il n'y a pas jusqu'aux améliorations qu'il a voulu apporter dans son armée qui n'aient tourné à son détriment.

Pendant le temps que j'ai passé à son camp, j'ai vu et examiné de près son infanterie régulière qu'il avait armée de nos fusils; elle est composée d'esclaves, de nègres et du rebut de la population, car les Arabes considèrent comme déshonorant de servir à pied. Un Bavarois, infirmier des hôpitaux d'Alger, est instructeur en chef de cette infanterie ; je n'essaierai pas de donner une idée de la manière dont elle manœuvre, je me contenterai d'affirmer que dans quelque occasion que ce soit, elle ne pourra être qu'un embarras qui ôtera à l'armée d'Ab-del-Kader les seuls avantages qu'elle ait, la mobilité et la légèreté.

Est-il probable que le bey, avec lequel nous serions en alliance, conçoive la pensée de la rompre? Si vous vouliez en faire votre vassal, on pourrait admettre que l'ambition le portât à secouer le joug; mais allié, et trouvant dans notre alliance tout profit pour lui et les siens, il ne pourrait avoir, en la rompant, d'autre but que de s'emparer des villes que nous occupons. Lui en supposer la pensée, serait l'accuser d'aliénation mentale. Il en serait donc ici comme de toutes les transactions entre peuples, la plus forte garantie de la durée d'un traité est dans l'intérêt reciproque des contractans.

On alléguera, à ce sujet, peut-être, qu'Ab-del-Kader a rompu la paix : c'est encore une de ces erreurs généralement accréditées qu'il est important de détruire.

Le général Trézel étant arrivé à Oran avec des dispositions différentes de celles de son prédécesseur, engagea les Douers et les Zmélas à se soustraire à la domination d'Ab-del-Kader, leur promettant sa protection s'ils secouaient le joug.

Celui-ci ayant appris les rapports qui avaient eu lieu entre Ben-Ismaël, un des chefs des Douers, et le général français, envoya quelques cavaliers pour s'emparer de lui, et marcha lui-même pour se porter contre ces tribus. Le général Trézel se mit en campagne afin d'empêcher Ab-del-Kader de faire justice de ses sujets révoltés.

Les deux armées se trouvèrent ainsi en présence, et dès lors le traité fut rompu. Cependant le jeune bey tenta tous les efforts imaginables pour remettre les choses sur l'ancien pied, et même après le combat du Sig, il fit des propositions pour arriver à un accord.

Mais on partait de principes tout-à-fait opposés. Les Arabes voulaient alliance, et pour ce, ils auraient consenti à toutes les conditions qu'on leur aurait imposées ; nous voulions soumission, dès-lors il n'y avait aucun moyen de s'entendre.... Je laisse à juger, d'après ces faits, qui a rompu la paix, d'Ab-del-Kader ou du général Trézel.

CONCLUSION.

La question d'Afrique, à mon avis, a été jusqu'à présent envisagée sous un faux jour, non pas qu'il faille, pour la comprendre, un esprit supérieur, mais parce qu'elle exige, pour être approfondie, des connaissances locales positives jointes à un complet désintéressement ; et malheureusement ces deux conditions se sont rarement trouvées réunies.

Je n'ai pas la prétention d'avoir vu ce que d'autres n'avaient pas observé avant moi, mais j'ai eu de plus qu'eux le courage de développer une idée qui se trouve être en contradiction manifeste avec celles qui ont été émises par presque tous ceux qui se sont occupés des affaires d'Afrique. Ce qui m'a donné ce courage, c'est une conviction profonde qui repose sur la mûre considération des faits. Ainsi, avant de me prononcer, j'ai attendu qu'il fût bien constaté que la guerre, dans ce pays, n'était pas exempte de dangers et de grandes chances, et qu'elle était toujours sans résultat.

J'ai cherché à quoi ont abouti tous les efforts que l'on a tentés pour établir des colons, et j'ai trouvé qu'ils avaient été absolument infructueux. J'ai voulu voir si à force de sacrifices et de persévérance, on réussirait à subjuguer au moins les tribus les plus voisines des villes ; j'ai reconnu que l'acharnement des populations sur lesquelles ces tentatives avaient été faites, ne faisait que s'accroître tous les jours, et que les gouverneurs qu'on leur imposait étaient renversés aussitôt qu'ils n'avaient plus l'appui des baïonnettes françaises.

J'ai tâché alors de découvrir pourquoi il était si difficile à une grande puissance comme la France, marchant la foudre d'une main et le rameau d'olivier de l'autre, de parvenir à soumettre ces hordes barbares ; j'en ai trouvé la raison dans la nature même du pays, dans l'histoire, les mœurs et les préjugés des indigènes.

D'un autre côté, j'ai vu dans la province la plus belliqueuse de la régence, l'union la plus cordiale succéder aux hostilités ; j'ai vu le commerce prospérer, la civilisation marcher à grands pas, détruisant sur son passage le fanatisme et les préjugés. Et comment ce miracle s'est-il opéré ? Par un seul mot qui renferme un grand sens et une grande leçon : *alliés* au lieu de *sujets*.

Pourquoi donc alors n'avoir pas adopté partout un sytème si fécond en résultats ? L'honneur de la France, m'a-t-on dit, est engagé à avoir les peuples de la régence pour sujets et non pour alliés. Je l'avoue, cet argument m'a semblé puéril, je n'ai plus compris les grands mots de gloire et de dignité

nationale appliqués à la domination des hordes indis-
ciplinées de l'Afrique ; il m'a paru que la grande tâ-
che de civilisation était bien plus belle et bien plus
digne du nom français que celle d'exterminer une
population fanatique.

Je me suis arrêté cependant : la question me pa-
raissait si simple, les résultats si éloignés, que j'ai
craint de m'être fait illusion. J'ai approfondi le sujet,
et partout j'ai trouvé de nouveaux argumens qui venaient corroborer le système que je résumerai en un
seul mot, « LA PAIX! » la paix qui conserve et qui fé-
conde, et non la guerre qui dépeuple et qui détruit.
L'axiome de l'antiquité, « Malheur aux vaincus, » est
anti-civilisateur. Il ne s'agit pas de supprimer les populations; il faut les moraliser, et les lancer toutes
rajeunies dans la route du progrès.

La science politique démontre tous les jours qu'il
n'y a pas dans la famille humaine des membres gan-
grénés dont l'amputation soit nécessaire. Toutes les
maladies du corps social peuvent se guérir par un
bon régime. Souvent on prend pour des infirmités
des symptômes trop énergiques de vie. Le médecin
se trompe, et accuse la nature de son erreur.
L'homme d'état compromet le sort des nations, et
s'en prend à la fatalité. Observez bien les faits, et
vous trouverez mille moyens de leur donner tout le
développement qu'ils comportent. Brûler n'est pas
répondre, a-t-on dit; trancher les nœuds sociaux,
ce n'est pas les résoudre. Le grand art consiste à

·convertir les obstacles en auxiliaires. Aujourd'hui, les Arabes vous inquiètent; agissez sur leur esprit par la conciliation, et vous en ferez des instrumens qui tourneront à votre grandeur.

La paix, la paix seule peut dédommager la France des sacrifices énormes qu'elle fait en Afrique depuis six ans.

La véritable dignité consiste dans la régénération d'un peuple fier et courageux.

FIN.